Birds of Seychellen

fotolulu Taschenbuch V

Inklusive Checkliste der 274 Vögel auf de Seychellen

Impressum

Bibliografische Information der Deutschen Nationalbibliothek:
Die Deutsche Nationalbibliothek verzeichnet diese Publikation in der
Deutschen Nationalbibliografie;
detaillierte bibliografische Daten sind im Internet über www.dnb.de abrufbar.

Herstellung und Verlag:
BoD – Books on Demand, Norderstedt

1 Auflage
© 2017 fotolulu
Fotos & Text: fotolulu · www.fotolulu.de

ISBN: 9783743161344

Die Seychellen verbindet man mit den schönsten Stränden der Welt. Das ist auch zweifelsfrei der Fall, aber auch die Vogelwelt ist sehr speziell.

Von den wenigen Vögeln auf den Seychellen, ist der größte Teil endemisch. Neben der Feenseeschwalbe, die wohl am meisten fotografierte Vogelart der Seychellen, gibt es noch weitere Raritäten.

Den Mahebrillenvogel, den Seychellendajal, den Seychellenrohrsänger, die Warzenfruchttaube und viele mehr.

Lassen auch Sie sich verzauben von der Farbenpracht und Einzigartigkeit, der von mir fotografierten 49 Vogelarten.

Das Buch wird ergänzt mit einer kompletten Checkliste der 274 Vogelarten auf den Seychellen - deutsch, latein & englisch.

Ihr fotolulu

Arielfregattvogel (Fregata ariel)

Arielfregattvogel (Fregata ariel)

Audubonsturmtaucher (Puffinus lherminieri)

Braunnoddi (Anous stolidus pileatus)

Braunnoddi (Anous stolidus pileatus)

Chagosseeschwalbe (Thalasseus bergii thalassinus)

Chinadommel (Ixobrychus sinensis)

Dickschnabelbülbül (Hypsipetes crassirostris)

Dickschnabelbülbül (Hypsipetes crassirostris)

Häherkuckuck (Clamator glandarius)

Hirtenmaina (Acridotheres tristis)

Hirtenmaina (Acridotheres tristis)

Kapstelze (Motacilla capensis)

Kiebitzregenpfeifer (Pluvialis squatarola)

Madagaskar Graureiher (Ardea cinerea firasa)

Madagaskarturteltaube (Nesoenas picturata)

Madagaskarweber (Foudia madagascariensis)

Madagaskarweber (Foudia madagascariensis)

Madagaskarweber (Foudia madagascariensis)

Madagaskarweber (Foudia madagascariensis)

Mahebrillenvogel (Zosterops modestus)

Mahebrillenvogel (Zosterops modestus)

Mongolenregenpfeifer (Charadrius mongolus)

Nachtreiher (Nycticorax nycticorax)

Ozean-Rotfußtölpel (Sula sula rubripes)

Regenbrachvogel (Numenius phaeopus)

Reiherläufer (Dromas ardeola)

Ryukyuseeschwalbe (Onychoprion fuscatus nubilosus)

Sanderling (Calidris alba)

Schlankschnabelnoddi (Anous tenuirostris)

Schlankschnabelnoddi (Anous tenuirostris)

Schlankschnabelnoddi (Anous tenuirostris)

Seychellen Mangrovereiher (Butorides striata degens)

Seychellen Mangrovereiher (Butorides striata degens)

Seychellen-Kuhreiher (Bubulcus ibis seychellarum)

Seychellen-Rosenseeschwalbe (Sterna dougallii arideensis)

Seychellendajal (Copsychus sechellarum)

Seychellendajal (Copsychus sechellarum)

Seychelleneule (Otus insularis)

Seychelleneule (Otus insularis)

Seychellenfalke (Falco araeus)

Seychellenfregattvogel (Fregata minor aldabrensis)

Seychellenfregattvogel (Fregata minor aldabrensis)

Seychellennektarvogel (Cinnyris dussumieri)

Seychellennektarvogel (Cinnyris dussumieri)

Seychellenparadiesschnäpper (Terpsiphone corvina)

Seychellenparadiesschnäpper (Terpsiphone corvina)

Seychellenparadiesschnäpper (Terpsiphone corvina)

Seychellenrohrsänger (Acrocephalus sechellensis)

Seychellenrohrsänger (Acrocephalus sechellensis)

Seychellensalangane (Aerodramus elaphrus)

Seychellensalangane (Aerodramus elaphrus)

Seychellenseeschwalbe (Gygis alba candida)

Seychellenseeschwalbe (Gygis alba candida)

Seychellenseeschwalbe (Gygis alba candida)

Seychellenseeschwalbe (Gygis alba candida)

Seychellenteichhuhn (Gallinula chloropus orientalis)

Seychellenteichhuhn (Gallinula chloropus orientalis)

Seychellenturteltaube (Nesoenas picturata rostrata)

Seychellenweber (Foudia sechellarum)

Seychellenweber (Foudia sechellarum)

Seyschellen- Schwarzpapagei (Coracopsis barklyi)

Sichelstrandläufer (Calidris ferruginea)

Sperbertäubchen (Geopelia striata)

Steinwälzer (Arenaria interpres)

Südafrikanischer Silberreiher (Ardea alba melanorhynchos)

Tundra-Goldregenpfeifer (Pluvialis fulva)

Tundra-Goldregenpfeifer (Pluvialis fulva)

Warzenfruchttaube (Alectroenas pulcherrimus)

Warzenfruchttaube (Alectroenas pulcherrimus)

Warzenfruchttaube (Alectroenas pulcherrimus)

Weißschwanz-Tropikvogel (Phaethon lepturus)

Weißschwanz-Tropikvogel (Phaethon lepturus)

Weißschwanz-Tropikvogel (Phaethon lepturus)

Weißschwanz-Tropikvogel (Phaethon lepturus)

Wellenastrild (Estrilda astrild)

Wellenastrild (Estrilda astrild)

Wüstenregenpfeifer (Charadrius leschenaultii)

Wüstenregenpfeifer (Charadrius leschenaultii)

Zügelseeschwalbe (Onychoprion anaethetus)

Zwergstrandläufer (Calidris minuta)